옥효정

우리는 더 단단해지기로 했다

애지시선 129

우리는 더 단단해지기로 했다

2025년 8월 15일 초판 1쇄 발행

지은이 옥효정
펴낸이 윤영진
기획편집 함순례
홍보 한천규
펴낸곳 도서출판 애지
등록 제 2005-000005호
주소 34570 대전광역시 동구 대전천북로 12
전화 042 637 9942
팩스 042 635 9941
전자우편 ejiweb@daum.net
ⓒ옥효정 2025
ISBN 979-11-91719-35-2 03810

* 저자와의 협의에 의해 인지를 생략합니다.
* 이 책 내용의 전부 또는 일부를 재사용하려면 저자와 애지 양측의
  동의를 받아야 합니다.
* 본 도서는 인천광역시와 (재)인천문화재단의 후원을 받아
  '2025 예술창작생애지원' 사업에 선정되어 발간되었습니다.

예지시선 129

우리는 더 단단해지기로 했다

옥효정 시집

시인의 말

마음에 빗금이 그어지고

무수한 물음표가 떠다닌다

목이 자라는 시간

내 귀는 출렁이고

2025년 여름

옥효정

차례

시인의 말　005

제1부
마른 기침은 메아리가 없어요

역설　013
민모션 증후군　014
손금　016
이사　018
완전 연소　020
환상통　021
폭염　022
어떤 밤　024
코르사코프 증후군　025
노란 유아차　026
백야　028
다섯 아이를 지문처럼 남기고　030
포토샵으로 마법을 풀 수 있다면　032

제2부
낮달 닮은 얼굴 하나가 섬처럼

상처꽃 037
우리는 더 단단해지기로 했다 038
비 멀미 039
세상의 모든 말이 사라졌다 040
일기 예보 042
나무의 이력 043
마른장마 044
월미도 045
미완성 교향곡 046
양심수에게 보내는 편지 048
굴뚝밥 050
연평도 등대 052
하늘이 무너졌다 054
걸레記 055

제3부
만나고 헤어지는 일이 보석처럼 빛났으면

매미 059
경과 보고서 060
포클레인이 하늘을 날 때 062
눈사람에 관한 소고 064
일기 예보 2 065
분류번호 18212 066
추석에 068
잘림에 대하여 070
카카오톡 부고 072
살구나무가 붉게 물든 밤 074
불완전한 봄 076
스무 살, 사랑을 잃다 078
고추밭 079

제4부
기다렸다는 듯 안부가 쏟아질까

성찰 083
아버지의 자전거 084
시인의 집 085
삼각법 086
오른손이 하는 말 088
그림자 없는 날 089
강화의 노을 090
모란봉 붉은 별 092
백령도 094
꼬리 096
격변의 아침을 기다리며 098
꽃길만 걷자던 우리는 099
침잠 100
섬 하나를 밀어내고 101

해설 뿌리의 가능성으로 더 단단해질 우리 이병국 103

제1부
마른 기침은 메아리가 없어요

역설

 등 푸른 산꼭대기에 오르면 흰긴수염고래를 만날 수 있을까 산길 오르는 파도의 가쁜 숨을 벗어난 물고기들이 떼 지어 날아오르고 오후의 졸음에 든 폐선 한 척이 태양을 베고 누워 있다 천 년 기억 그 어디쯤의 문이 열리고 낮은 휘파람 소리를 따라가면 수심을 알 수 없는 음악은 하얗게 풀어져 미궁 속으로 다시 빨려 들어가고 물먹은 잠이 부스스 깨어나 수평선을 밀어낸다 늘어진 만장 같은 해초 숲에는 소금꽃이 한창이라는데 마늘과 쑥이 은폐된 동굴에는 눈멀고 귀먹었다는 소문만 드나든다 우리의 언 손은 지문이 닳도록 바다를 긁어모으고 머리가 하얀 고래는 제 그림자를 지고 산속으로 스며든다

민모션 증후군

우리는 기억에서 출발했다
그는 우리가 지나온 교차로 가로수의
선명한 그림자를 보지 못했다고 했다
거기서부터 어긋나기 시작했다
내가 신호등 아래 웅크리고 있는
소년의 머리를 쓰다듬는 동안
그는 오던 길로 되돌아갔다
우리가 다시 만난 건 장례식장에서였다
하얀색 양복을 입은 그는 맨발로 서서
국화 꽃잎을 하나씩 떼어 바닥에 던지고 있었다
어제는 스님이 와서 극락왕생을 빌었고
오늘은 목사님과 천국 환송 예배를 드렸다고 했다
그는 길 잃은 눈으로 자주 웃었고
그때마다 아랫입술 반쪽을 피가 나도록 깨물었다
미치지 않기 위해 미친 듯이 살았다는
넋두리가 심장을 관통하고 증폭하는 풍경
어디서 눈물을 빌려와야 할까

말의 온기가 사라진 공간은 차갑고 헐거웠다
내리던 비가 진눈깨비로 바뀌고
창에는 점자 문장이 생성과 소멸을 반복했다
다시 4월이었다

손금

말이 되기 직전의 숨,
무의식이 몸에 새긴 은유는
한 생애의 서문이었다

아직 오지 않은 시간이 머물다 간
비상飛翔흔과 추락흔 사이
새벽은 날마다 흔들리며 왔다

불확실을 가로지르는 사막과
굴절된 계절을 은닉한 협곡에서
당신을 기다리는 동안

감정의 침식과 풍화가 만든
무수한 질문의 지층에
단단히 버티고 있는 문장들

젖은 그림자로 가득 찬

어둠을 밀어내고
맨발로 올 내일을 증언한다

이사

 웃돈이 붙는 '손 없는 날' 피해 이삿짐을 꾸린다 스무 해를 같이 지낸 장롱과는 이쯤에서 헤어지기로 했다 우리는 흩어져 있는 기억의 단서들을 그러모아 깨지지 않게 포장했고 삐걱거리던 시간을 종량제 봉투에 담아 버렸다 안방 주인공 행세하던 책들은 이번에도 살아남았다

 아이 키를 표시한 벽면의 선은 천장과 점점 가까워졌으나 아이가 그린 우주선은 강산이 변하도록 문턱을 넘지 못하고 빛이 바랬다 우리에게는 시간이 언제나 부족했을 뿐이다 질문 없는 대답을 하는 동안 인부들은 한 가족의 생애를 무표정하게 옮겼다

 반지하에서 홀로 살던 노인이 어제 갑자기 구급차에 실려 갔다 다음 달이면 엘리베이터 있는 임대 아파트로 간다던 그는 영안실에서 빗소리를 들으며 떠날 채비를 했다 그의 마지막 이사였다 그는 거기 있었으나 없었다
 〉

층간소음이 싫어서 꼭대기 층으로 이사한다는 건 반쯤 맞는 말이다 건넛집 지붕에 앉은 참새가 태양과 마지막 교신 중이고 벽을 타고 오르던 능소화가 커튼에 가려진 창을 맴돈다 환승역을 지나는 그림자가 출렁인다

완전 연소

들숨과 날숨이 빠르게 부딪혔다
통증은 불규칙해서 규칙적이었고
시간은 규칙적이어서 불규칙했다
그의 생이 카운트다운에 들어가고
오랫동안 준비한 마지막 장면을
한 번에 완벽하게 연기했다
모니터 경고음이 박수를 대신했다
모든 기도는 다음 페이지로 넘어갔다
소리가 사라진 창이 붉게 물들었다

환상통

꿈이었으면

어제 전기원 노동자를 태운 사다리차는 내려오지 않았고
오늘 또 다른 사다리차가 하늘로 올랐다
2만 2천9백 볼트 고압선 사이
하늘의 지뢰밭에서 비명도 없이 고꾸라진 그는
두 팔을 내주고서야 살아남았다
팔이 있던 자리, 허공에 통증이 달라붙었다
구름에 뭉개진 그믐달이 비를 불러왔고
시침과 분침 사이 말라버린 꽃이 축축해졌다
꽃 떨어진 자리에 바람이 파고들었다
팔의 통증은 변연계에서 변주를 반복했다
밤새도록 게워낸 형용사들이
머리맡에 어지럽게 흩어져 있었다

폭염

 유서가 된 일기장을 영원에 안치하던 날, 텔레비전에서는 어느 기업 창업주의 성공신화가 나왔다 스크린도어 사고 소식은 화면 맨 아래 자막으로 흐르다가 곧 사라졌다 유일한 목격자 스크린도어는 진술을 거부했다

 한 사람의 생을 열아홉으로 압축하기에는 너무 엉성했다 푸른 배낭을 메고 푸른 아침을 걸어간 그는 홀쭉해진 위장을 달래려 억지로 삼킨 꿈을 남김없이 게워냈다 꿈이 뭉개진 바닥은 전동열차의 경적에 진저리를 쳤다 기한이 정해진 억지웃음을 짓던 또래들의 푸른 눈물은 매일 거꾸로 자랐다 사시사철 곰팡이꽃이 피는 한 평 남짓 방에는 가끔 등 굽은 달이 매달려 자고 가곤 했다

 새벽 여섯 시면 기상 알람이 울릴 테고 주인 잃은 신발은 편의점에서 컵라면과 생수를 사겠지 지하철 계단을 총총히 내려가서 익숙한 스크린도어 앞에 서는 순간 블랙아웃

〉

  살아남은 자의 슬픔*이 만조로 차오른 밤, 달의 기척을 신호로 자궁 문이 굳게 닫혔다 19년 만의 폭염이라고 한다

* 베르톨트 브레히트의 시 제목

어떤 밤

어떤 문은 닫히고 어떤 문은 열렸다
닫힌 문을 열려는 그림자가 밤새도록 분주했다
열린 문에는 온기가 없다
통제력을 잃은 파도는 청춘을 따지지 않았다
어제 쓰다만 시를 생각한다
빗나간 단어가 명치에 걸려 바둥거리고
압사한 꽃에 수식어를 붙인다고 되살아날 수 있을까
어둠을 삼켰다가 뱉는 호흡에는 날이 서 있다
2022년 10월 29일 '국가에 의한 몰살'(로 기록한다)
뒤늦은 유언을 받아 적는다
확신처럼 밤이 차오른다
천상의 꽃으로 핀 백 쉰아홉 개 별

코르사코프 증후군

그 문장은 애초부터 삐걱거렸을지도 몰라
주어와 술어는 서로 다른 곳을 보고 있었거든
둘 사이에 낀 목적어는 바람 빠진 풍선 같았어
자음과 모음은 어긋난 채 덜컹거렸어
그 사실을 금세 잊을 뿐이야
초승달에서 모래바람 소리가 났어
아마 사막 한가운데일지도 몰라
이 상황을 이해할 수 없다고?
발에 닿는 것은 모두 걷어차며
밤길을 헤집고 다녔어
새하얗게 질린 언어들이 숨을 곳을 찾다가
갑자기 입을 가리고 키득거렸어
맞아 오늘이 내 생일이야
그래서 어쩌라는 거지?
앞뒤가 바뀐 문장이면 어때
기억은 범람할 테니까

노란 유아차

아이를 태운 게 언제인지 기억나지 않아요 빌라 지하 복도에서 비닐을 뒤집어쓴 채 몇 번의 겨울을 났어요 아이의 웃음 대신 부부의 다툼이 잦던 어느 날 쓰레기 분리수거장으로 옮겨졌어요

비를 맞으며 사흘 밤을 꼬박 지새운 후 등이 땅바닥과 수평을 이룬 할머니의 손에 이끌려 거리로 나왔어요 쓸모를 다한 박스는 아무렇게나 뒹굴고 있어요 밤은 버려진 것과의 동의어에요 문을 걸어 잠근 사람들은 밤을 믿지 않아요

몽유병 환자처럼 골목을 누비고 다녀요 비가 오거나 눈이 와도 괜찮아요 어쩌면 잃어버린 시간을 더 쉽게 찾을 수 있을지 몰라요 시간은 기억과 반비례해요 쪼그라든 어깨에서 바스락 소리가 나요 걸음을 옮길 때마다 틀니 부딪히는 소리가 들려요 마른기침은 메아리가 없어요 닳은 지문은 흔적을 남기지 않아요

〉

　오늘은 운이 좋았어요 만선의 귀가를 해요 비탈길을 오를 때 누군가의 손길을 느꼈어요 그때 그 아이일 것 같아 가슴이 콩닥거렸어요 그 애가 틀림없어요 어두운 골목길도 무섭지 않아요 그날처럼 비가 와요 단비가 내려요 내 몸에 새겨진 이름과 같은

백야

어제 그 아이가 마음에 걸려 잠을 설쳤습니다
열여섯 살 소녀는 눈길에서
낙엽처럼 뒹굴다가 이곳에 왔습니다
구급차 사이렌 소리도 비명도 없는
오늘 아침 요양병원은
불안이 게으름 피우는 날입니다

그때라면 일본 나리타 공항에 도착할 시각입니다
저는 꽤 인기 있는 관광 가이드였습니다
2020년 새해 덕담이 발아하기 전 들이닥친
코로나19는 삶의 채널을 바꿔버렸습니다
희망을 적립하던 통장에는 마이너스 숫자가 쌓이고
불안은 곰팡이처럼 온 집안에 퍼졌습니다

요양보호사로 일한 지 일 년째입니다
알코올 중독자와 치매 환자들은
삶의 지렛대를 잃고 매일 허우적거립니다

단단해지기를 포기한 시간은 중심을 벗어나
배경 화면으로 버팁니다
창밖에는 해가 뜨고 지는 풍경만 지나갑니다

오후 여섯 시입니다
마음 부딪히는 소리가 요란합니다
병실 십자가에 파도가 몰려옵니다
사막을 건너온 감정선은 만조입니다

코로나19 확진 환자를 태운 구급차가
순식간에 노을 속으로 사라집니다
세 번째 코호트 격리입니다
수족관 물고기들이 범람을 꿈꿉니다
오늘 밤은 백야입니다

정비를 마친 비행기가 꿈길로 날아오릅니다

다섯 아이를 지문처럼 남기고

떨어져서야 오를 수 있는 하늘,
다섯 아이를 지문처럼 남겼다

매일 밧줄의 길이만큼 지상으로 내려왔다
하늘이라기엔 너무 낮았고 땅이라기엔 너무 높아 어디에도 속할 수 없는 그는 언제나 경계인이었다 그를 하늘이라 부르기도 땅이라 부르기도 하는 이유였다

허공의 한 점으로 매달린 그는 태양과의 정면 승부밖에 달리 길이 없었다 손의 움직임이 빨라질수록 바다의 시원始原 같은 물방울이 피부를 뚫고 올라왔다 콘크리트 벽에 붓질할 때마다 마음속 색깔이 배어 나와 몇 번이고 덧칠해야 했다 허기와 갈증이 몰려올수록 핸드폰 볼륨은 높아지고…

이 세상 어디가 숲인지 어디가 늪인지 그 누구도 말을 않네*

〉

 순간 밧줄이 곤두박질쳤다 그의 귓가를 맴돌던 음표들도 산산조각났다 공중에서 아우성치는 밧줄과 바닥에 널브러진 밧줄 사이, 하늘과 땅의 경계가 선명해졌다

 검은 하늘에서 하얀 바다가 침몰했다

* 가수 조용필의 노래 '꿈'에서

포토샵으로 마법을 풀 수 있다면

　암호로 굳게 잠긴 외장하드 빗장을 풀고서도 폴더 문을 차례로 네 번 더 통과하고서야 너의 이름 앞에 도착한다 익숙함을 거부한 손으로 익숙한 이름을 어루만지면 너는 여전히 마법에 걸린 듯 거기 있다

　엇박자로 뛰는 심장 바르르 떨리는 손, 그거 알아? 마지막 없이 마지막이 된다는 거, 하얀 웃음 뒤에 비치는 선혈, 힐링 툴이 지나가는 자리마다 노랗게 피어나는 꽃 한 송이, 오늘은 말이야… 두 손을 어루만지다가 입을 맞추다가 가슴에 스며드는 꽃, 오늘은 말이야… 오늘은… 오늘 같은 어제 말고 어제 같은 오늘 말이야…

　안녕, 잘 자~ 낯선 이들의 수군거림으로 눈을 뜨기 전까지의 세상은 평화였어 그때 너도 눈을 떴을까 화염의 공포 속에서 아빠 목소리라도 들었을까 '아들을 구하려 불구덩이로 뛰어든 부정父情'을 단신으로 전하는 아침 뉴스에 타다가 만 사진이 영정으로 걸린 어제 같지 않은 오늘

〉

 노란 돌덩이로 가슴을 봉인한 이들과 노란 리본을 가슴에 단 이들이 서로 스며들어 노란 꽃을 피우는 광화문 광장, 영정 사진을 든 삼보일배 행렬은 금기의 벽과 마주한 채 엎드려 있고 하늘 꽃으로 피어난 너는 언제나 열여덟 살, 만개를 기다리는 꽃봉오리다

 선택, 복제, 지우개, 올가미, 스포이드 툴들이 미친 듯이 오가는 교차로, 치솟는 불길, 침몰하는 배, 바람에 찢어지는 거위의 꿈, 멀어지는 그림자, 되살아나는 너의 목소리

제2부
낮달 닮은 얼굴 하나가 섬처럼

상처꽃

 생애 어느 횡단면을 볼 수 있다면 어떤 모습 어떤 빛깔일까 어설프고 구멍 많은 날은 시간의 누름돌 아래서 육포처럼 치밀해지고 단단해졌을까 골목 모퉁이 쪼그리고 앉아있는 언어의 파편들은 그때처럼 발화發話를 꿈꾸고 품을 내어준 자리에는 나비가 날고 있을까 제 몸 타는 줄 모르고 불꽃이었던 날과 비 내리는 가을 저녁 안간힘을 다해 버티는 나뭇잎이었던 날, 안개에 눈이 멀어 혼자 술래로 버려진 날들을 비집고 올라온 자리에 피는 꽃, 관계의 불협화음을 봉합한 자리에 흘러내리는 인연의 마그마

우리는 더 단단해지기로 했다

유리창 청소 노동자가 18층 빌딩에서 추락사했다
애도는 잠시 파열음을 냈다가 잠잠해졌다
우리는 서로의 등을 토닥였으나
보이지 않는 곳에서는 찢어진 마음들이 충돌하고
핏대 올린 말들이 어지럽게 증폭했다
움츠린 몸을 빛바랜 외투에 밀어넣으면서
다짐처럼 중얼거렸다
우리는 더 단단해져야 한다고
시간을 지나온 말의 표피들은 무게를 가지지 못했다
가시 끝에 걸린 바람이 밤새도록 우는 밤
광주행 열차는 뭉개진 지문을 남기고
서울역을 빠져나갔다
최후의 전선이 무너졌다
주문처럼 다시 당신을 외운다
우리는 더 단단해지기로 했다

비 멀미

무소식은 희소식에 거의 가까웠다
기다리는 소식은 오지 않았으나
기다리지 않는 소식 또한 오지 않았으므로
오열하는 빗줄기 속에서
구급차 사이렌 소리가 길을 잃었다
손길 닿은 적 없는 천장에 검푸른 꽃이 피고
낮달 닮은 얼굴 하나가 섬처럼 떠올랐다
사람들은 완성한 문장을 입에 넣은 채
억지로 묵언 중이다
비는 내일도 내릴 것이므로
우리는 바이킹을 즐길 것이다
산은 무너지고 강은 넘쳐
밀봉된 부재는 곧 사라질 것이다
그리하여
우리의 경전은 다시 뜨거워질 것이다
무소식은 희소식에 거의 가까웠으므로

세상의 모든 말이 사라졌다

아이에게 마취 마스크가 씌워졌다
불안을 토해내던 울음이 순간 증발했다
이쪽과 저쪽을 완벽하게 차단하며 문이 닫혔다
시간은 0에서 새로 시작했다
아이들의 이름이 빼곡히 적힌 전광판
의자는 서로의 뒤통수만 허락했다
깍지 낀 손의 떨림이 잦아지고
신이라는 신은 차례도 없이 불리어 나왔다
소독약 냄새와 함께 치밀한 정적에 금이 가고
호명된 아이의 엄마가
줄 끊어진 인형처럼 무너졌다
깜빡이던 이름 하나가 지워졌다
하늘은 검게 변하고 꽃들은 오므라들었다
수술용 칼을 닮은 시곗바늘이
하얀 벽을 여섯 바퀴 반 더 돌았을 때
아이 이름 옆에 초록 불이 켜졌다
침대 위 꼼지락거리는 발가락

〉
모든 날 중의 첫날이었다

일기 예보

정오의 태양 뒤로 통증이 부푼다

목련꽃 그림자가 무거워진다

머리에서 쫓겨난 기억이 달라붙는다

먼저 떠난 아이의 울음이 차오른다

마음 빈자리가 축축해진다

비 온다

나무의 이력

나무는 질문하지 않는다
내밀한 호흡이 나이테를 만드는 동안
제 무게를 견디는 뿌리의 진술은 담백하다
슬픔의 징후는 빈번했고
목을 겨눈 톱날 앞에
서사는 선명한데 행간은 보이지 않아
마음자리가 넓어질 뿐 헐거워지지 않는다
대답으로 가득 찬 목질
생목의 향기가 아침을 연다

마른장마

한 달 시한부 통보를 받은 날
카톡방은 위로의 수사법으로 가득했다
모래시계를 다시 뒤집을 수 없다는 것을 알았다
시간은 아낄수록 빨리 닳았고 공회전이 많았다
가족 수만큼 부피가 늘어나기도 했다
슬프지 않을 자신감에 대해 이야기하는 동안
안부는 수시로 빈 페이지를 채웠다
인연의 지렛대가 단단해졌다
욕망을 벗어난 감정은 시나브로 가벼워졌다
어제 먹지 못한 밥은 생각하지 않기로 했다
모든 결핍까지도 사랑이었다고
영원의 별자리로 돌아가던 날
비 한 방울 내리지 않는 장마였다

월미도

 갈매기 떼가 날아오르고 검은 장대비가 쏟아졌다 빗줄기는 땅에 닿자 화염을 토해냈고 월미도 동쪽 마을은 그렇게 사라졌다 어쩌다 살아남은 원주민은 유가족과 실향민이라는 이중 십자가를 지고 뭍에서도 방향 잃은 배처럼 떠돌았다 한편에서는 이날을 기념비적 사건으로 역사에 남겼다 그들은 붉은 통증을 앓는 하늘로 축포를 쏘았고 우리는 살점을 뜯어 눈물 밥을 지었다 갯벌에 몸을 묻었던 이들은 밤에도 불을 켜지 않았다 그사이 몰살 현장은 관광 명소로 변신했다 그날의 은밀한 거래를 모르는 사람들은 아메리카노를 마시며 주검이 깔린 길을 웃으며 걸어 다녔다 비가 오는 날에는 폭죽에서 떨어진 살점이 검은 바다에 투신하는 것을 밤새도록 즐겼다 귀가 잘린 바다는 제 울음소리도 듣지 못했다

미완성 교향곡

제주는 유채꽃으로 노랗게 물들었다고 했어
분명 밤새 뒤척였을 거야

층층이 쌓인 해무를 뚫고 닻을 올린 배는
환호성을 싣고 출항했지
진도를 지날 때쯤이었을 거야
초록 꿈을 실은 배가 기울기 시작했어

케이팝을 부르던 떼창은
불협화음의 조난 신호로 바뀌었지
서로 맞잡은 손이 풀리면서
오선지를 이탈한 음계들이 하나둘 가라앉았어

엄마를 부르다가 금이 가고 부서진
삼백 네 개의 음계
바닷속 낮은음자리로 내려간
아홉 개의 음계는 끝내 떠오르지 않았어

〉
2014년 4월 16일에 멈춘 시계를 고치면
초록 꿈에 다시 피가 돌고
콧노래 흥얼거리며 여행에서 돌아와
이야기보따리를 풀어 놓을까

그날을 기다리는 팽목항에는
삼백육십오일 비가 내리고
유채색 노란 리본은 스크럼을 짜고
사생결단으로 바다를 응시하는데

양심수에게 보내는 편지

 경칩에 쓰기 시작한 편지를 입추가 지나고서야 부칩니다 아직 푸른 잎맥이 살아 있는 단어들이 어색하기만 합니다 빠진 것과 빼야 할 것은 없는지 첫 여행 배낭을 꾸리는 두근거림으로 안부를 여쭙니다

 촛불의 해일이 지나간 자리에는 적폐의 민낯이 드러났습니다 신기록을 경신하던 폭염이 잊히기도 전에 A급 태풍 소식이 들려옵니다 모순의 바다를 뒤엎고 적폐의 땅을 쓸어버릴 모양입니다 그러나 함께했던 뜨겁고 시린 날들은 여전히 문밖에서 서성입니다

 이른 아침 포도밭을 물들이는 햇빛 한 움큼을 색지에 곱게 싸서 보냅니다 빈방 창가를 비추는 달빛도 돌돌 말아 함께 보냅니다 노래를 곧잘 하는 별 몇 개는 덤입니다

 길 건너 학교 운동장에서 뛰어노는 아이들 머리 위로 만국기가 펄럭입니다 이번 추석에는 0.75평의 공간을 벗

어나 길고도 먼 해외 출장에서 돌아와 굵고 싱싱한 포도알 같은 아이들 눈망울에 오랫동안 입을 맞추겠지요 '타는 목마름으로 민주주의여 만세'*를 외치며 해방의 광장에 승리의 깃발을 휘날리겠지요

  그리고 아무 일도 없는 일요일, 늦도록 단잠을 자고서도 이부자리를 뒹굴다가 어머니가 끓이는 된장찌개 냄새에 코끝이 찡해지겠지요

  87년 6월 이후 서른세 번째 가을입니다 우리의 노래는 여전히 반짝입니다 역주행의 시간에 갇힌 옥문이 촛불의 함성으로 열리고 보랏빛 머릿수건이 하늘에서 나비춤을 추는 날, 대동의 물결로 만날 것을 알기에 포도가 그날을 위해 태풍을 견디며 익어갑니다

   * 김지하의 시 「타는 목마름으로」에서

굴뚝밥

한 끼 밥이 외줄에 매달려
칠십 미터 상공을 오른다
올려보는 이와 내려보는 이의 시선이
허공의 한 점에서 만났다가 흩어진다
바람에 흔들리는 건
하늘을 오르는 밧줄만이 아니었다
생일날 유서를 쓰고 굴뚝에 오른 그날부터
흔들리지 않은 날이 있었을까
삼보일배 오체투지
말들이 사라진 공장 벽에는
어둠이 흘러내리는 소리와
살아서 죽은 날들이 표류한다
스물여섯 번째 꽃상여가 나가고
까맣게 덧칠한 일기장
바닥을 드러낸 눈물
한 생애가 폭설에 갇힌다
〉

여기, 사람 있어요!

연평도 등대

북쪽을 가린 등대,
15초에 한 번* 불편한 평화를 고발한다
경계 없는 바다에 그들이 만든 분단선,
우리 바다까지 남과 북으로 갈라놓았다

어둠의 속도만큼 팽창하는 바다에
망향의 안부가 자맥질하는 밤
북에서 오는 파도는 보란 듯이 경계를 허물고
북으로 가는 파도는 숨 가쁘게 경계를 넘는다

우리민족끼리 자주의 돛을 힘차게 올려
파시 전설이 통일로 부활하는 날
가림막을 걷어내고
평화의 길잡이를 꿈꾸는 불빛

푸른 해초보다 붉은 불안이 먼저 자라
테트라포드마다 공포가 달라붙는 섬에서

분단을 온몸으로 앓는 등대는
밤이면 철조망 너머로 조난 신호를 보낸다

밤의 모퉁이를 지나는 바람 따라
갈매기 떼의 고요가 부피를 더하고
날 선 긴장이 밀려오는 언덕에
불시착한 달이 그림자를 숨긴다

* 1960년에 건립된 연평도 등대는 보안을 이유로 1974년 불을 껐다가 2019년 판문점 선언을 계기로 재점등, 15초에 한 번씩 깜빡인다. 그러나 북측에서는 빛을 볼 수 없도록 등대 북쪽 창에 가림막을 설치했다.

하늘이 무너졌다

새벽 첫차에 오른 사람들이
비명을 삼킨 채 불시착했다
마른바람 먹은 불길은
수평선에 걸린
태양까지 집어삼켰다
파랗게 질린 하늘이
까맣게 타들어 가는 동안
발설을 유예한 입에서는
검은 꽃이 무더기로 피어났다
개봉을 기다리던 날들이
봉분도 없이 저물었다
부재의 형벌이 새겨진
자화상은 소리가 없다

걸레記

 새벽 노동을 마치고 허드렛물에 담긴다 살갗이 짓무르도록 비벼진 후, 스테인리스 양동이 안으로 던져진다 레몬향 세제와 산소계 표백제가 뿌려진 채 가스불 위에서 허연 거품을 토하다가 기절하고도 오 분을 더 견뎌야 했다 거짓 실토라도 해야 하나요 차가운 물을 뒤집어쓰고서야 정신이 돌아왔다 서너 차례 더 주리를 틀리다가 탁! 탁! 탁! 몸 구석구석이 찢어진 채 사형장의 목줄 같은 빨랫줄에 걸린다

 '축 결혼 2007년 5월 10일' 빛바랜 몸에 화인처럼 남은 기억, 신혼의 살결을 감싸던 그때는 날마다 행복이었지 상처보다 더 견디기 어려운 건 더럽다는 누명을 쓰고 살아야 하는 것 납작하게 눌린 자존심을 한 올 한 올 일으켜 세우다가 책상 밑으로 기어들어 먼지를 핥는다, 다시

제3부
만나고 헤어지는 일이 보석처럼 빛났으면

매미

칠월의 태양은 비문非文을 쏟아냈다
당신이 나로부터 촘촘해질 때
내 귀는 예민해지고
우리의 해후는 죽음을 전제로 했다
이토록 치열한 사랑 앞에
폭염은 지극히 사소한 일
다음 생에는 만나지 말자
우리 사랑 완전했으므로

경과 보고서

당신의 사막에는 비가 내리나요
젖은 구두에서는 오래된 기억이 퉁퉁 불었어요
당신 이마에 흘러가는 바람 소리가 내 명치끝을 때리고 가요
입안에서 모래가 씹혀요
토막 난 계절이 강을 거슬러 가요
모래에 묻어둔 편지에서 선인장 가시가 돋아나요
우린 너무 멀리 왔나 봐요
그런데 제자리인걸요
등을 마주하고 있었나 봐요
머릿속은 잃어버린 것들로 가득 찼어요
뱀의 혀처럼 갈라진 길에는 나팔 소리가 들려요
위장 전입한 나뭇잎이 결심을 굳혔나 봐요
출처를 알 수 없는 소문이 수군거려요
당신 닮은 꽃이 피는 계절이 다시 저만치 오고 있어요
바람 뒤에 숨어서 꽃이 피길 기다려요
입에서 꽃씨가 옹알이해요

수평선 넘어간 배는 다시 돌아오지 않아요
꿰다 만 구슬을 다시 집어 들어요
우리의 시간은 진술을 끝내고 마침표만 남았어요
어둠이 녹아버린 초콜릿처럼 물컹거려요
만나고 헤어지는 일이 보석처럼 빛났으면 좋겠어요

포클레인이 하늘을 날 때

"어떤 죽음이 안부를 묻듯 손 내밀었으나
위로의 말은 심장에 박힌 채 숨이 멎었다."

작업을 마친 포클레인이 아파트 10층 베란다에서
몇 번의 전진과 후진 끝에 몸을 허공에 실었다
날개가 펼쳐지지 않았지만 추락하지 않았다
타워크레인에 달린 포클레인이 하늘을 날 때

고층 아파트 외부 유리창을 닦던
20대 노동자가 40미터 아래로 떨어졌다
겨드랑이 어디쯤에서 날개가 돋는 상상은
시멘트 바닥에 내동댕이쳐졌다
그를 지상으로 데려와야 할 밧줄은
벽과 바람의 잦은 마찰을 눈치채지 못했다

외벽에서 승강기에서 용광로에서 변압기에서
모든 질문은 명료했고 대답은 덜컹거렸다

오래된 불안을 열거하고 기록하는 일은 비밀로 할 것
슬픔의 곡선은 언제나 완만할 것
발신인 없는 부고가 하늘을 붉게 물들이며 낙하했다

억만장자가 탄 스페이스X 크루 드래건이
3일간 우주 궤도를 여행하고 무사 귀환했다

눈사람에 관한 소고

그가 만들고 싶었던 것은 무엇일까
사람과는 도무지 닮은 데 없는,
진화론으로도 설명할 수 없는 그것을
눈사람으로 처음 명명한 이는 누구였을까
애초 온기를 허락하지 않은 것에
'사람'을 붙여야 할 사연이 있었던 것일까
바람에 날려 보낸 뼛가루 같은 눈을 뭉쳐
기어코 되살려야 할 누군가가 있었던 것일까
호흡을 불어넣은 몸통 위에
녹아내리는 기억을 갈무리해 머리로 얹고
나뭇가지로 눈과 코, 입을 만들다가 그는
한바탕 크게 웃었을까
눈물을 하염없이 흘렸을까

일기 예보 2

뼈들이 우는 소리
예민해진 귀가 두리번거린다
통증을 숨긴 사람들이
어깨를 나눈 천안행 전철 안
무릎 위 두 손이 만드는 궤도를
퇴출당한 행성들이 따라 돈다
그림자를 파고든 기억이 눅눅해지고
덜컹거리는 몸이 젖는다
굴절된 감정이 선로를 벗어나
허공에 박힌 말의 의미를 곱씹는다
압점끼리 부딪쳐 비명을 지른다
종착역이 가까워졌다

분류번호 18212

전문가입니까

그렇다고 할 수 있습니다

일 번 길입니다

문화, 예술 및 방송 관련 전문가입니까

그렇습니다

여덟 번째 갈림길에서 오른쪽입니다

작가 및 관련 전문가입니까

빙고

두 번째 골목입니다

작가입니까

그렇게 불립니다

첫 번째 건물입니다

시인입니다

이번 방입니다

시인도 직업이 될 수 있습니까

국어사전에 직업이란

"개인이 사회에서 생활을 영위하고 수입을 목적으로 한

가지 일에 종사하는 지속적인 사회 활동"이라는데
   생활을 영위하고 수입을 목적으로 시 쓰는 것도 아니고
(간혹 그런 이들도 있다고 듣긴 했습니다)
   시 쓴다고 생활을 영위하고 수입이 생기는 것도 아닌데
(유명한 시인들은 그럴 수도 있을 것 같습니다)
   한 가지 일에 종사하는 지속적인 사회 활동은 맞는 것 같습니다
   직업이 시인이 아니라 시인이 직업이군요
   예? 예!
한국표준직업분류번호 18212

   하늘과 땅 사이 자발적 미아

추석에

송편 한 입 베어 물다가

부끄럽다

자동차공장 굴뚝에서
한강 다리 위에서
고공 크레인에서
광화문 광고탑에서
제철소 망루에서
CCTV 철탑에서

내 목숨 걸고
우리 목숨 지키려
맨몸으로 하늘에 올라
단식 투쟁 중인 노동자들

기업주의 손익 계산법이

우리와 달라도
목숨이 하나인 건 같은데

한가위 보름달은
누구의 소원을 들어주려고
확답처럼 저리 밝은지

하늘 난간에서 흐느끼다가
금세 팽팽하게 일어서는
저 당당한 깃발은 알고 있을까

부끄럽다

송편 한 입 베어 물다가

잘림에 대하여

 손끝으로 밀려난 손톱을 무심히 잘라내는데 전화벨이 울렸다 어제 남편이 잘렸다며 무채색 웃음을 흘리는 그녀에게서 낙엽 바스러지는 소리가 났다

 구겨진 신문지 위로 추락한 손톱은 눈썹달로 누워 하얗게 웃는데 어젯밤 소주를 처음으로 두 병이나 마셨다는 그녀의 갈라진 목소리가 심장을 파고들었다

 반백의 머리칼
 기우는 그믐달
 뿌리치던 옷자락과
 끝내 부치지 못한 편지와
 낙엽과 바람과 구름과 한 줌 재에 대하여

 건너편 수지 접합 전문병원 앞 붕대 맨 사람들이 삼삼오오 담배를 피우고 오늘 밤에도 수술실 불은 꺼지지 않고 잘린 말들은 날짜변경선 밖으로 밀려났다 잘린 손톱과

함께 오늘의 운세가 쓰레기통으로 던져지고 기울어진 골목으로 강물이 밀려왔다

  밤새 창밖엔 는개가 내렸다

카카오톡 부고

먼저 떠납니다

지병인 창작 강박증과
시대의 통증 합병증으로
기억의 톱니바퀴가 멈췄습니다
이름 옆 프로필 사진을 누르고
숨길을 따라오면
'카카오스토리'라는 쉼표 같은 집이 나옵니다
별도의 로그인은 필요 없습니다
노란 리본이 걸린 대문을 지나서
달력 넘기듯 화면을 위로 넘기면
시간을 역주행해 생전의 한때와 만날 수 있습니다
그동안 발표한 졸시도 볼 수 있습니다
마음에 들면 퍼 가셔도 좋습니다
의례적인 하얀 국화 대신
노란 바람개비 이모티콘 하나 남겨 주세요
돌아올 곳이 있다는 것이

한편으로는 다행입니다
미리 집을 마련해 놓길 잘했습니다
손님 몇 분이 머물고 있을지도 모릅니다
오래도록 귀 기울여 듣기만 하겠습니다
부끄러움이 많은 시간이었지만
시인이어서 행복했습니다

부디 만수무강하세요

p.s
고인이 생전에 써놓은 부고입니다
고인의 휴대전화에 저장된 카친님들께 보냅니다
혹시라도 잘못 전달되었다면 죄송합니다

살구나무가 붉게 물든 밤

어머니가 돌아오지 않던 밤,
밤새도록 이불 속에서 떨었다
좌익도 우익도 알지 못하는 이웃들이
좌익과 우익으로 분류되고 사라졌다

말을 배우기 전부터
아버지라는 말은 금기어였다
장롱에 숨겨 놓은 사진 속 얼굴이
아버지라는 것도 모른 채 살았다
아버지는 그리움조차 되지 못했다

전쟁에 감금된 강화도에는
불신의 소문만 무성하게 자랐고
진실은 바다에 수장되었다
이데올로기의 시계는 멈추지 않았다

어머니가 심은 살구나무가 붉게 물든 밤

붉은 살점 같은 달을 따라
기러기 가족이 바다를 건넌다
이념도 사상도 없는

불완전한 봄

부재와 실재 사이에 있다

애초에 기억을 위한 수사법이 필요 없었으므로 부재였고
네모난 돌 위에 새겨진 이름 혹은 '무명인'은 실재를 위한 필요조건으로 충분했다

돌아가야 할 이유만 남은 북한군 백골들을
고향 거쳐 오는 물소리 들을 수 있는 곳에 안치했다
반백 년이 지나서야 주검에 대한 존중을 지켰다*

봉분 없는 무덤은 신념처럼 북녘을 향하고
북녘 어디에선가 유품 무덤에 향을 올리는지
실구름이 철조망을 넘어 남하하고 있다

실재와 부재 사이에 있다

* 1996년 제네바 협약의 '적군 사체 존중' 조항에 따라 전국 각지에 흩어져 있던 북한군과 중공군 유해를 수습, 경기도 파주시 적성면에 공동묘지를 조성하고 안장했다.

스무 살, 사랑을 잃다

울음이 지나간 바다,
스마트폰 불빛은 한참 동안 꺼지지 않았다
카카오톡 채팅 창에는
썼다가 지운 말들이 전송을 기다리고
그럴싸한 이유와 그럴만한 수긍 사이
낮에 본 타로점이 거짓말처럼 적중했다
오늘은 예상대로 해피엔딩이어야 해서
스마트폰 배경 화면은 그대로 두기로 했다
지금부터 혼자라는 사실이
비 갠 오후처럼 선명한 스무 번째 겨울,
계절풍 저기압이 정점에 들었다

고추밭

태양의 후예들이 자란다

땅을 지배하라는 은밀한 교신

붉은 메시지로 화답하는

혁명의 잠복기

제4부
기다렸다는 듯 안부가 쏟아질까

성찰

내가 아닌 내가 되는 일

늦가을날 가지 끝에 달린 은행잎이
건너편 나무에서 자신을 발견하는 일
눈감고 반추하는 일
희로애락을 내려놓는 일
때를 알아차리는 일
떨어지면서 두려워하지 않는 일
떨어져서 자기 나무를 바라보는 일
무념무상에 드는 일
숨을 닫아가는 일
제자리로 돌아가는 일

다시 내가 되는 일

아버지의 자전거

오랜 망각을 걷힌 튜브에 바람을 넣고
아버지가 그린 궤도를 따라가다가
내 귀는 출렁이고

바람이 분다 해도 비가 온다 해도 꼭 잡은 손을 놓지 마라 오르막을 만나면 내리막을 준비해라 때론 걸림돌을 피해 숨통을 죄듯 브레이크를 잡더라도 멀리 가야 할 한길에 눈을 모으고 몸을 낮춰 햇살 속으로 달려라

발바닥이 닳은 줄도 모른 채 달려온 길을
금이 간 거울은 기억할까
흥건하게 고인 가을을 놓쳐버린 날
녹슨 페달을 다시 힘차게 밟으면
기다렸다는 듯 안부가 쏟아질까

시인의 집

시인은 무얼 먹고 사는지 궁금하다고요
비유와 상징을 먹고 살아요
아니, 세상의 아픔과 슬픔을 먹고
위로의 시 한 줄 길게 뽑아내지요
가난이 거미줄처럼 늘어나도
알토란 같은 시 하나 건졌으면 됐지요
시어로 짠 원피스를 입고
은유의 잔을 들면 한 평 방도 대초원
시간은 점층법으로 흐르고
상상은 뜻밖의 문장을 데리고 와요
때로는 말줄임표가 더 많은 말을 해요
우주를 떠다니는 시인의 집에는
별보다 많은 언어가 온종일 반짝여요

삼각법

 삼거리 편의점에서 산 삼각김밥을 호주머니에 넣고 건너편 꼭짓점으로 달려간다 오존으로 살균한 물이 위장에 닿자 모든 경계가 촘촘해졌다 오늘 아침은 갈라진 구름 사이로 로그인을 시도했다 x는 이때를 놓치지 않고 맞은편 변으로 재빨리 이동했다

 직각의 대립을 벗어난 y는 달팽이관에 집중했다 감정선이 좌표를 잃고 요동칠 때마다 블랙홀로 빠져드는 어지러움을 견디는 것은 다반사 x와 y 사이에 낀 z는 매일 소화불량과 편두통에 시달린 이유를 십 년이 더 지나서야 알았다

 한강 노을을 담아내던 카메라가 길을 잃었다 어둠에 금이 간 렌즈는 순식간에 모든 기억을 지웠다 삼재라고 했어! 급하게 좌회전하다가 빨강 신호등에서 꼬리가 잡힌 서울의 피타고라스 천지인 고시원 간판이 걸린 삼층 건물에서는 배후를 알 수 없는 바람이 쏟아졌다 삼월삼짇날,

강남 갔던 제비는 약속처럼 다시 돌아올까

오른손이 하는 말

오른손이 하는 말은 퉁퉁 부어 있다
결백의 강요는 거짓말 카드를 선택할 수밖에
평행 궤도를 유지하는 것이 별들의 안녕이라는 말
느닷없이 내리는 함박눈, 그러나 이유가 있다
한 생명이 지는 데는 얼마나 큰 이유가 필요한가
발자취는 어지러웠으나 이력은 단순했다
말의 각도는 시시각각 변했고 크기도 불규칙했다
마지막 단어 하나가 목에 걸려
밤새 써 내려간 편지에 마침표를 찍지 못했다
그러므로 이 편지는 부치지 않을 것이다
새벽 3시, 사막 한가운데를 통과하는 중이다

그림자 없는 날

창을 향해
뛰어드는 빗방울들
포개지고 뭉개지면서
창을 압도한다
팽팽하던 긴장은 무너지고
어디든 적중이다
발신 번호 표시 제한
전화가 오고
과녁을 벗어난
말들의 난반사 속
예감은 늦고
자주 빗나가는데
등 뒤에서는
추측이 발화하고
빗방울들의 아우성에
지구가 흔들린다
그림자 없는 날이다

강화의 노을

 가슴을 도려내는 듯한 통증은 대낮에도 불쑥 찾아왔다 엷은 바람 소리에도 신경을 곤두세우고 참새 그림자에도 놀라 주춤거리는 나날

 총성이 오가던 전쟁의 공포보다 부역자라는 올가미가 더 무서웠던 그때 민간인 사백 삼십여 명은 갑곶 나루터에서 옥계 갯벌에서 대문리에서 사슬재에서 강화향토방위특공대의 총에 영문도 모른 채 스러졌다 찢긴 살점을 실은 배는 뒤집히고 바다는 오열했다 엄마 등에 업힌 한 살 아기의 목숨도 숯고개마을 열다섯 가구의 생명도 이데올로기의 포로일 뿐 진실 따위는 필요 없었다 죽어야 하는 이유만 차고 넘쳤다

 살아남은 자들의 증언은 70여 년이 지나도 행간의 흐트러짐이 없는데 진실이 암매장된 사슬재 추모공원에는 글자를 알아볼 수 없는 안내판과 바닥에 바짝 엎드린 돌 위패가 그날의 공포를 재연하고 무명인의 숨죽인 울음만 전

설처럼 떠돈다

 학살 배후인 국가가 침묵하는 동안 갑곶 나루터 맞은편 강화전쟁박물관은 전쟁 유물을 자랑처럼 열거하기에 바쁘다 강화의 노을에서는 피비린내가 난다

모란봉 붉은 별

 일월의 혹한을 밀어내고 반짝 봄이 왔습니다
 오늘 주요 뉴스는 노란 복수초 개화 소식입니다
 평생 시린 가슴으로 뜨겁게 살아온 당신* 떠나는 날입니다
 통일 조국을 위해 전향을 거부한 당신이
 항일투쟁으로 목숨 바친 아버지를 만나러 가는 길입니다
 예언처럼 비가 내리고 새벽길을 닦습니다
 '쌍 무기수'로 반평생 감옥에 갇혀서도
 모스 부호와 난수표 같은 삶에서도 포기할 수 없었던
 통일 조국 원 코리아one Korea, 옥희의 나라
 당신이 남긴 꿈의 퍼즐은 우리 몫입니다
 이제는 나룻배와 행인이 아니라
 나룻배를 타고 영원의 봄날로 노 저어 가십시오
 사상의 감옥도 분단의 철조망도 없는 하나의 나라, 하나의 조국
 통일 노래가 한반도에 울려 퍼지는 그날
 금수산 모란봉의 붉은 별로 다시 오십시오

* 비전향 장기수 박종린 선생

백령도

동경 124도 53분 북위 37도 52분
10억 년 바람의 화석을 품은 땅
늙은 신의 마지막 작품*이
분단의 바다에서 발이 묶였다
신은 온데간데없고
해안선 철조망 따라
몸 낮춘 해당화가
지뢰 위에서 안녕을 꿈꾼다
해무에 갇힌 안부
놓쳐버린 손 다시 잡을 수 있을까
어둠의 둑이 깊어질수록
주소 없는 망향의 편지만 쌓인다
만선인 배는 경계에서 서성이다가
다시 포구로 돌아오고
밤새도록 뒤척이는 긴 그림자
백두산을 박차고 유라시아대륙으로 달려갈
장산곶매의 부활을 기다리는

* 고려 충신 이대기가 『백령지』에서 두무진을 이렇게 표현했다.

꼬리

 12월 마지막 날 밤 호미곶 〈할매집〉에서 꼬리곰탕을 먹는다 꼬리 물기 하는 택시 때문에 사고 날 뻔했다고 말문을 연 친구는 화가 가라앉지 않는지 연신 눈꼬리를 치켜세운다

 범생이라는 꼬리표를 달고 다니던 우리는 아직 끓고 있는 뚝배기에서 꼬리 하나씩 건져 들고 '설국열차'*에 오른다 앞칸과 꼬리 칸의 선택 대신 단백질 블록 같은 꼬릿살을 뜯느라 대화는 자주 끊어졌다 밀봉에서 풀려난 참이슬은 식도를 타고 급강하하다가 길을 잃고…

 브라운관 TV에서는 내레이터의 목소리가 다급해지고 여우에게 쫓기던 도마뱀의 사생결단, 잘린 꼬리가 아우성치다가 여우 입속으로 사라진다 한평생 꼬리의 삶을 살았던 할머니는 용 꼬리보다는 뱀 머리가 되라고 했다

 수많은 기다림의 눈빛이 바다 한 점에서 만나 불을 일

으켰다 둥글게 타오르는 불꽃, 너와 나의 구별이 사라지고 환호성만 남았다 은하수를 초속 225킬로미터로 도는 태양에도 꼬리가 발견됐다는 뉴스가 속보로 떴다

  우리는 꼬리가 간질거려 불꽃 속으로 뛰어들었다 그해 첫날이었다

---

* 봉준호 감독의 영화. 꼬리칸에 탄 사람은 소모품이며 바퀴벌레로 만든 단백질 블록으로 연명한다.

격변의 아침을 기다리며

시간의 모래알이 만든 지층을
단숨에 직각으로 세워버린
대청도 나이테 바위처럼
통일은 한순간에 들이닥칠 터
농여해변 사막 건너는
바람의 은유를 알아채고
북으로 시나브로 뻗어가는
풀등의 직유에 귀 기울이며
살아있는 모든 것
경계를 모르고 넘나드는
격변의 새 아침
자주 통일 그날이 오고야 말 터
억만년 자리 지킨 바위를
수직으로 일으켜 세우던
그날 그 순간처럼

꽃길만 걷자던 우리는

유리 주전자 속 가부좌한 목련꽃 한 송이
섭씨 100도의 물로 관불식을 마쳤다
종잇장 같은 육신에 피가 돌고
가장 화려했던 그해 봄날이 되살아났다
죽어서 산 자와 살아서 죽은 자의 해후
만개한 웃음엔 소리가 없다
꽃길만 걷자던 우리는
서로의 봄을 묻는 대신
침묵이 길어질 때마다 찻잔을 들었다
말 없는 뿌리가 나무를
밀어 올리고 꽃 피우는 일
찻잔에 풀어지는 꽃의 생애가 눈부시다

우리도 잘 우러나는 중

침잠

넓이 대신
깊이를 택하기로 했다

저 꽃잎의 마음처럼
저 바위의 결단처럼
저 바다의 물성처럼

바깥의 말을 지우고
바람의 뿌리를 거두고
우주의 골목을 벗어나

최초의 뼈들이 직립했던 그곳에서
영혼의 발목이 자유롭도록

섬 하나를 밀어내고

섬은 그리움을 전제로 한다는 것을
그때는 알지 못했다
기억을 관통하는 단서가
오래된 항구에 닻을 내렸다
고양이들의 낮잠이 풍경으로 걸린
카페 떼무리에는
어제 떠난 이들의 그림자가
바다를 등지고 앉아 있었다
예고 없이 장대비가 쏟아지고
갈매기들의 젖은 언어를
바다에 장례하고 돌아서면
형이상학으로 저무는 무의도
섬 하나를 밀어내고
작은 섬 하나를 새로 들였다

해설

뿌리의 가능성으로 더 단단해질 우리

이병국(시인, 문학평론가)

'사이'에 '함께' 있는

옥효정 시인의 첫 시집 『우리는 더 단단해지기로 했다』를 읽으면, "마음 빈자리가 축축해"(「일기 예보」)지는 것을 느낄 수 있다. 시인이 형상화한 고통의 실체와 마주하는 경험에서 기인한 이 감정을 어찌해야 할까. 부조리한 현실의 가시화라는 측면에서 옥효정 시인은 자신의 시가 놓여야 할 장소를 분명하게 인식하고 이를 시적 언어로 재현하고자 하는 응전의 의지를 뚜렷하게 드러낸다. 이는 소외되고 은폐된 타자의 삶에 새겨진 절박함을 시적 주체인 '나'를 전유하여 공동체 구성원인 '우리'의 삶 속에 등재하려는 시인의 능동성에서 비롯되는 것이기도 하다.

알다시피 신자유주의적 자본주의 체제는 존재를 성과 주체로 내몰며 스스로를 착취하도록 강요한다. 그리하여 존재는 개별적, 파편적 상태에 놓여 다른 존재와 사회적 관계를 맺지 못하고 체제가 만들어 놓은 자의적 질서를 횡단할 수 없게 된다. 신자유주의적 자본주의 체제하의 존재는 그것이 강제하는 세계의 요구에 동의하고 이를 잠자코 따라야만 주체로 자리매김할 수 있다. 그러나 기실 주체화라는 것은 개별적이고 단독적인 주체가 되는 것이 아니라 타자와 관계를 맺어 형성하는 것이다. 랑시에르가 자신의 저서 『정치적인 것의 가장자리에서』(양창렬 옮김, 길, 2013)에서 한 표현을 빌려 말하자면 '고유하지 않는 고유함(un propre impropre)'으로써의 타자론이야말로 존재를 부조리한 세계로부터 해방시켜 주체가 되도록 만든다. 그런 점에서 주체는 사이에 있는 것(un in-between), 즉 둘-사이에 있는 것(un entre-deux)이라 할 수 있다. 사이에(entre) 있으면서 함께(ensemble) 있는 존재야말로 진정한 주체인 셈이다. 이러한 주체는 그 모든 사이에서 타자와 함께 존재하며 그들에게 가해지는 세계의 부조리를 예민하게 감각하고 은폐된 균열의 지점을 예리하게 포착한다.

옥효정 시인의 시적 주체가 자리한 장소가 바로 그러하

다. 시인은 경쟁과 성과를 강요하여 주체적 삶으로부터 존재를 배제하고 불평등을 재생산함으로써 개인을 고립시키려는 저 부조리에 저항하고자 하는 시적 발화를 주저하지 않는다. 그럼으로써 우리가 지켜내야 할 것이 무엇인지를 이번 시집을 통해 상기시킨다. 시인은 세계가 강제한 비참에 저항하기 위해 자신들이 자리해야 할 삶의 장소 바깥에 머무르거나 부유하는 존재들의 애달픈 현실을 재현하는 한편 그 곁을 지키고 함께 앓음으로써 시적 대속을 수행한다.

    등 푸른 산꼭대기에 오르면 흰긴수염고래를 만날 수 있을까 산길 오르는 파도의 가쁜 숨을 벗어난 물고기들이 떼 지어 날아오르고 오후의 졸음에 든 폐선 한 척이 태양을 베고 누워 있다 천 년 기억 그 어디쯤의 문이 열리고 낮은 휘파람 소리를 따라가면 수심을 알 수 없는 음악은 하얗게 풀어져 미궁 속으로 다시 빨려 들어가고 물먹은 잠이 부스스 깨어나 수평선을 밀어낸다 늘어진 만장 같은 해초 숲에는 소금꽃이 한창이라는데 마늘과 쑥이 은폐된 동굴에는 눈멀고 귀먹었다는 소문만 드나든다 우리의 언 손은 지문이 닳도록 바다를 긁어모으고 머리가 하얀 고래는 제 그림자를 지고 산속으로 스며든다

―「역설」 전문

시집을 여는 시「역설」은『우리는 더 단단해지기로 했다』를 관통하는 시적 주체의 성찰을 여실히 보여준다. 흔히 세계의 자아화라고 일컬어지는 서정 갈래의 양태는 세계와의 동일시를 통해 시적 자아를 확장해 나가는 방식으로 이루어진다. 그러나 이는 대상을 향한 폭력적 동화로 변질될 위험이 농후하다. 시적 주체와 세계의 접촉면에 주목하여 그것을 단순 내면화함으로써 동일시하는 것은 전능한 자아만을 생산할 따름이다. 이는 타자와의 관계를 삭제하고 세계의 부조리를 외면하는 주체의 무지함을 드러낸다. 그런 이유로 시인에게 요청되는 것은 세계를 자아와 동일시하여 매끄러운 재현의 양태로 시를 구성하는 것이 아니라 세계와 주체 혹은 주체와 타자 사이의 결락과 단절, 그로부터 비롯된 낙차의 정동을 인식하여 무력한 자신을 응시하고 이를 성찰하는 데 있다. 그런 점에서「역설」은 시인의 시적 지향과 추구, 그로부터 비롯된 의심을 사유하는 시적 주체의 자리와 이를 재설정하고자 하는 의지를 역설(逆說)적으로 역설(力說)하는 서시(序詩)라 할 만하다.

화자는 묻는다, "등 푸른 산꼭대기에 오르면 흰긴수염고래를 만날 수 있을까". 대왕고래라고도 불리는 흰긴수염고래의 외형적 특성을 염두에 둘 때 화자가 "등 푸른 산꼭대기에 오르면"이라고 가정하는 것은 흰긴수염고래와의 거리를 밀접함의 층위로 지우고자 하는 바람에 가깝다. 그것은 산에 오르는 행위가 지닌 힘겨움, 즉 고난의 의미 맥락을 삭제하고 시적 대상과의 합일을 바라는 마음에 가닿는다. 그러나 이를 동일시의 욕망으로 단순화하는 것은 내적 고뇌를 협소하게 받아들이는 오류를 범하게 된다. 그런 점에서 "산길 오르는 파도의 가쁜 숨"은 시적 대상을 향해 나아가는 화자의 열정이 육화되어 투사된 양태라 할 수 있지만, 이는 역설에 가깝다. 오히려 그로부터 "벗어난 물고기들이 떼 지어 날아오르"는 형상을 통해 위험으로부터 벗어난 존재의 안도를 재현함으로써 다른 무엇을 상상하게 한다. 이 상상은 "오후의 졸음에 든 폐선 한 척이 태양을 베고 누워 있다"는 구절과 연결되어 오랜 시간 축적된 관계의 층위에서 생존을 위협하는 폭력이 제거된, 평화로움의 향유라는 정황으로 전이된다. 이때 발생하는 "수심을 알 수 없는" 무의식의 심연은 "미궁 속으로 다시 빨려 들어가"듯 화자를 불명료한 세계로 이끌기도 하지만 "물먹은 잠이 부스스 깨어나 수평선을 밀어"내며 화자가 응시하고 추구해야 할 너머의 세계를 인식하도록 이끄는 계기가 되기도 한다.

  화자는 그렇게 획득한 시계(視界)를 통해 "만장 같은 해초 숲"에 자리한 "소금꽃"과 "마늘과 쑥이 은폐된 동굴"로

부터 들려오는 소문을 감각하며 변화의 단초를 예비한다. 이에 더해 화자는 "우리의 언 손"이 "지문이 닳도록 바다를 긁어모으"는 행위의 제시를 통해 "등 푸른 산꼭대기에 오르"기 위한 내적 응집의 수행과 그것이 개별적 존재의 파편적 행위에 머무르지 않고 '우리'라는 공동체로 나아가길 바라는 마음을 맥락화한다. 이때 "머리가 하얀 고래"가 "제 그림자를 지고 산속으로 스며"드는 희생적 제의와 결합하여 옥효정 시인의 시적 수행은 "미궁 속" "늘어진 만장"과 "은폐된 동굴"을 드나드는 소문의 이면을 살펴 "세상의 아픔과 슬픔"(「시인의 집」)으로 인해 "안개에 눈이 멀어 혼자 술래로 버려진 날들을 비집고 올라온 자리에 피는"(「상처꽃」) 존재의 상처를 보듬는 데로 이어진다.

여기, 사람이 있다

앞에서 언급했다시피 옥효정 시인이 응시하는 '세상의 아픔과 슬픔'으로 인해 '안개에 눈이 멀어 혼자 술래로 버려진' 존재는 경쟁에 내몰려 성과를 내지 않으면 안 되는 신자유주의적 자본주의하에서 "미치지 않기 위해 미친 듯이 살"(「민모션 증후군」)아가며 자신의 감정을 억누르곤

스스로 강해져야 한다고 생각한다. 그러나 그러한 삶의 의지는 부조리함에 저항하기보다 순응하는 방식이라서 폭력적 세계의 "문턱을 넘지 못하고 빛이 바"(「이사」)래져만 간다. 그렇기에 존재는 "비명도 없이 고꾸라"지거나 "두 팔을 내주고서야"(「환상통」) 겨우 살아남아 실체적 폭력의 흔적을 환상통으로 감각하며 타자의 자리로 내몰릴 따름이다.

    한 끼 밥이 외줄에 매달려
    칠십 미터 상공을 오른다
    올려보는 이와 내려보는 이의 시선이
    허공의 한 점에서 만났다가 흩어진다
    바람에 흔들리는 건
    하늘을 오르는 밧줄만이 아니었다
    생일날 유서를 쓰고 굴뚝에 오른 그날부터
    흔들리지 않은 날이 있었을까
    삼보일배 오체투지
    말들이 사라진 공장 벽에는
    어둠이 흘러내리는 소리와
    살아서 죽은 날들이 표류한다
    스물여섯 번째 꽃상여가 나가고
    까맣게 덧칠한 일기장

바닥을 드러낸 눈물

　한 생애가 폭설에 갇힌다

　여기, 사람 있어요!
―「굴뚝밥」 전문

　통증을 억제하는 중추 기능의 상실이라는 환상통은 '환상'이라는 가상의 고통으로 치부하고 무시할 그 무엇이 아니다. 오히려 고통을 억눌러야만 했던 존재가 자신의 타자성을 실재로 감각하고 드러내도록 이끄는 사건이라 보는 것이 옳다. 은폐된 타자의 목소리가 신체의 부재를 통해 체현되는 셈이다. 인용한 「굴뚝밥」은 옥효정 시인이 시집을 통해 가시화하는 환상통의 실재이며 "푸른 배낭을 메고 푸른 아침을 걸어간"(「폭염」) 구의역 참사 희생자 김군을 포함한 타자화된 존재를 "살아남은 자의 슬픔"의 층위에서 애도하는 한편 그것을 사회적 환상통으로 전유하여 부조리한 세계가 자행하는 폭력과 착취의 메커니즘에 저항하는 이들의 연대로 잇는 시적 수행이다.

　「굴뚝밥」의 화자는 "칠십 미터 상공"의 공장 굴뚝에 올라 고공농성 중인 이를 응시한다. 고공농성은 사회와 기업으로부터 내몰린 존재가 아무도 들어주지 않는 자신의 목소리를 듣게 하기 위한 절박함의 발현이다. 그것은 억압받는 현실에 저항하는 이들이 취하는 최후의 수단이기도 하다. 426일이라는 세계 기록을 써야만 했던 파인텍(구 스타케미칼) 해고 노동자들의 굴뚝 농성이나 2025년 이를 넘어서고 만 구미 한국옵티칼하이테크 해고 노동자들의 고공농성 및 13년을 이어온 콜텍 노동자들의 투쟁을 비롯한 평택 쌍용자동차 해고자 복직 고공농성 등 우리는 특정할 수 없을 만큼 많은 이들의 투쟁을 목도해 왔다. 하지만 그들이 "여기, 사람 있어요!"라고 아무리 외친다 한들 그에 대한 응답은 기실 왜소하기만 했다는 것을 우리는 안다. 그럼에도 그들이 그렇게밖에 할 수 없는 이유는 그것이 삶을 지키기 위한, 표류하기만 하는 "살아서 죽은 날들"을 애도하기 위한 마지막 수난이기 때문이다. 이는 유서를 쓸 정도로 목숨을 바쳐 저항하는 일이면서도 "흔들리지 않은 날"이 없을 정도로 고뇌가 가득한 일이기도 하다. 아무리 "삼보일배 오체투지"를 한다고 해도 "말들이 사라진 공장벽"을 타고 흘러내리는 어둠을 걷어낼 수 없기에 노동자는 "굴뚝에 오"를 수밖에 없는 것이다. 그 투쟁의 결과로 노사의 극적 합의를 가져온다고 해도 그것은 일시적 봉합일 뿐 신자유주의적 자본주의 체제를 전복시키거나 새로운 사회를 위한 도약으로 기능하지 않는다.

그렇기에 시인은 "삶의 지렛대를 잃고 매일 허우적 거"(「백야」)리며 "허공의 한 점으로 매달린"(「다섯 아이를 지문처럼 남기고」) 채 타자의 자리로 내몰리기만 하는 이들 곁을 지키며 그들의 외침을 기록하는 존재로 스스로를 위치시킨다. "외벽에서 승강기에서 용광로에서 변압기에서"(「포클레인이 하늘을 날 때」) 죽음에 내몰린 노동자의 은폐된 목소리를 대신하는 것이야말로 세계를 '나'로 전유해 발화하는 시인이 수행해야 할 역할이기 때문이다. 이와 같은 옥효정 시인의 시적 수행처럼 타자와 세계의 접촉면이 어떤 양태로 작동하는지를 똑바로 보고 이를 언어화할 때 비로소 서정의 윤리라는 층위에서 시의 자리가 형성되는 것일 테다. 물론 "오래된 불안을 열거하고 기록하는 일"(「포클레인이 하늘을 날 때」)이 "치솟는 불길, 침몰하는 배, 바람에 찢어지는 거위의 꿈, 멀어지는 그림자"의 비극 속에서 "어제 같지 않은 오늘"(「포토샵으로 마법을 풀 수 있다면」)을 재생하는 데에 그칠 수도 있다. 그럼에도 소외되고 억압받는 이들의 불안과 목소리를 기록하는 일을 도외시할 수는 없는 노릇이다. "자동차공장 굴뚝에서/한강다리 위에서/고공 크레인에서/광화문 광고탑에서/제철소 망루에서/CCTV 철탑에서//내 목숨 걸고/우리 목숨을 지키려/맨몸으로 하늘에 올라/단식 투쟁 중인 노동자들"(「추석에」)이 여전히 그곳에 있기 때문이다.

>유리창 청소 노동자가 18층 빌딩에서 추락사했다
>애도는 잠시 파열음을 냈다가 잠잠해졌다
>우리는 서로의 등을 토닥였으나
>보이지 않는 곳에서는 찢어진 마음들이 충돌하고
>핏대 올린 말들이 어지럽게 증폭했다
>움츠린 몸을 빛바랜 외투에 밀어넣으면서
>다짐처럼 중얼거렸다
>우리는 더 단단해져야 한다고
>시간을 지나온 말의 표피들은 무게를 가지지 못했다
>가시 끝에 걸린 바람이 밤새도록 우는 밤
>광주행 열차는 뭉개진 지문을 남기고
>서울역을 빠져나갔다
>최후의 전선이 무너졌다
>주문처럼 다시 당신을 외운다
>우리는 더 단단해지기로 했다
>　　　　　　　ㅡ「우리는 더 단단해지기로 했다」 전문

한 해 평균 산업재해 사고사망자 수가 800명이 넘는, 그리하여 매일 2명 이상의 노동자가 퇴근하지 못하는 현실

(신다은, 『오늘도 2명이 퇴근하지 못했다』, 한겨레출판, 2023)은 참혹하기만 하다. 인용한 시에서처럼 "유리창 청소 노동자가 18층 빌딩에서 추락사"한 상황은 개인의 삶을 송두리째 앗아가는 사건으로써의 산업재해에 해당한다. 그러나 일상적이고 반복적으로 벌어지는 일이기에 "애도는 잠시 파열음을 냈다가 잠잠해"진다. 죽음을 둘러싼 구조적 원인을 밝히고 중대재해처벌법에 근거하여 책임자를 문책하며 재발 방지책을 수립해야 하지만 이러한 일들의 행위 주체인 국가와 기업은 참사의 이유를 개인의 부주의로 돌리고 자본주의의 시스템을 옹호하려고만 든다. 산재에 따른 죽음을 자연스러운 일로 치부하는 저 권력의 횡포에 맞서기 위해 "우리는 서로의 등을 토닥"이지만 "보이지 않는 곳에서는 찢어진 마음들이 충돌하고/핏대 올린 말들이 어지럽게 증폭"하며 분열을 조장하거나 갈등만을 표출하기도 한다. 마크 피셔가 『자본주의 리얼리즘』(박진철 옮김, 리시올, 2018)에서 말한 바와 같이 자본주의가 사람들이 꿈꾸는 삶을 식민화했기 때문에 이를 자신의 욕망으로 전유하는 이들은 불안정한 삶에 저항하기보다는 이를 강제하는 부조리한 세계에 복무하며 "어제 같은 오늘"(「포토샵으로 마법을 풀 수 있다면」)이 이어지기만을 바란다. 그러나 이런 현실에 좌절하고만 있을 수는 없는 노릇이다.

옥효정 시인은 부조리함에 복무하면서도 내적 갈등으로 인해 "움츠린 몸을 빛바랜 외투에 밀어넣으면서" "우리는 더 단단해져야 한다"고 다짐한다. 그리하여 시인은 자본주의에 속박된 타자를 주체의 자리로 옮길 수는 없다고 하더라도 단단함의 의지를 불안정한 고용상태를 비롯한 구조적 불평등과 착취의 메커니즘을 영구적인 것으로 고착화하려는 시도에 대한 저항의 계기로 삼는다.

이처럼 단단함에 대한 시인의 요청은 삶을 향한 "치열한 사랑"이라서 "폭염"과 같은 현실적 고통을 "지극히 사소한 일"로 만드는 데 기여한다(「매미」). 물론 여기에는 세계의 폭력을 느슨하게 인식함으로써 허무한 공백으로 존재를 내몰 위험이 없는 것이 아니지만 "바람이 분다 해도 비가 온다 해도 꼭 잡은 손을 놓지" 않고 "밀고 가야 할 한길에 눈을 모으고 몸을 낮춰 햇살 속으로"(「아버지의 자전거」) 우리를 달려가게 할 것임이 분명하다.

나무를 밀어 올리고 꽃을 피우는

옥효정 시인이 요청하는 '단단함'은 타자화된 존재의 주체화와 연결된다. 그것은 존재와 존재를 연결하는 관계의 힘으로 이루어낼 수 있다. 그로부터 사회구조적 모순과 불합리, 부조리를 응시하여 지속되는 일상에 내재해 있는 숱한 폭력의 양태를 총체적으로 감각할 수 있게 한다. 그리하여 우리는 "2014년 4월 14일에 멈춘 시계를 고"쳐 "초록 꿈에 다시 피가 돌"길 소망할 수도 있고(「미완성 교향곡」), "푸른 배낭을 메고 푸른 아침을 걸어간" 이의 "꿈이 뭉개진 바닥"을 어루만지며 스크린도어 너머 잊혀진 생의 기록을 이어갈 수도 있으며(「폭염」), "닫힌 문을 열려는 그림자"로 "빗나간 단어"를 채워야만 했던 "2022년 10월 29일"의 참사를 기록하여(「어떤 밤」) "안개에 눈이 멀어 혼자 술래로 버려진 날들을 비집고 올라온 자리에 피는 꽃"(「상처꽃」)의 곁에서 타자로 내몰린 채 희생된 존재를 위무할 수 있는 것이다.

옥효정 시인은 여기에서 더 나아가 이념으로 인해 발생한 역사적 사건과 학살의 피해를 증언하고 기록해 나간다. 시인이란 "시대의 통증"(「카카오톡 부고」)을 온몸으로 체현하는 존재라는 점에서 동시대적 사건뿐만 아니라 역사적으로 은폐된 참혹을 고발하고 함께 아파하는 일은 불가피한 것인지도 모른다.

가슴을 도려내는 듯한 통증은 대낮에도 불쑥 찾아왔다
엷은 바람 소리에도 신경을 곤두세우고 참새 그림자에도

놀라 주춤거리는 나날

 총성이 오가던 전쟁의 공포보다 부역자라는 올가미가 더 무서웠던 그때 민간인 사백 삼십여 명은 갑곶 나루터에서 옥계 갯벌에서 대문리에서 사슬재에서 강화향토방위특공대의 총에 영문도 모른 채 스러졌다 찢긴 살점을 실은 배는 뒤집히고 바다는 오열했다 엄마 등에 업힌 한 살 아기의 목숨도 숯고개마을 열다섯 가구의 생명도 이데올로기의 포로일 뿐 진실 따위는 필요 없었다 죽어야 하는 이유만 차고 넘쳤다

 살아남은 자들의 증언은 70여 년이 지나도 행간의 흐트러짐이 없는데 진실이 암매장된 사슬재 추모공원에는 글자를 알아볼 수 없는 안내판과 바닥에 바짝 엎드린 돌 위패가 그날의 공포를 재연하고 무명인의 숨죽인 울음만 전설처럼 떠돈다

 학살 배후인 국가가 침묵하는 동안 갑곶 나루터 맞은편 강화전쟁박물관은 전쟁 유물을 자랑처럼 열거하기에 바쁘다 강화의 노을에서는 피비린내가 난다

─「강화의 노을」 전문

옥효정 시인은 노동자의 고통을 응시하는 시인의 시선을 분단된 한국의 역사적 고통으로 확장함으로써 국가 폭력의 양태를 고발하고 자주 통일에의 염원을 그린다. 세월호 참사와 이태원 참사도 국가 폭력의 실재임이 틀림없지만, 좀 더 적극적이고 주도적으로 폭력을 행사한 것은 한국전쟁 당시 자행된 민간인 학살일 것이다. 인용한 「강화의 노을」은 1·4후퇴 당시 강화향토방위특공대에 의해 자행된 민간인 학살을 배경으로 하고 있다. 알려져 있다시피 한국전쟁이 발발한 후 서울이나 강화 등 경기 북부의 경우는 인민군의 빠른 남하 속도로 인해 국민보도연맹원을 구금하거나 학살하지 못했다. 그리하여 9·28 서울수복 이후 국가는 어쩔 수 없었던 인민군 치하 상황을 고려하지 않은 채 강화 민간인들에게 "부역자라는 올가미"를 씌워 "사백 삼십여 명"을 "갑곶 나루터에서 옥계 갯벌에서 대문리에서 사슬재에서" 대대적으로 학살했다.

『강화사』(강화사편찬위원회, 강화문화원, 1976)에 따르면, 당시 강화 지역에서는 대한정의단, 일민주의청년단, 민주청년반공결사대, 향토단 등이 조직되었으며 이후 강화치안대, 국군환영준비위원회, 비상시국대책회 등으로 발전하였다. 이들의 주된 활동 중 하나가 적색분자의 악행과

동태조사였다는 것은 의미심장하다. 그 연장선상에 자리한 강화향토방위특공대는 6·25로 인해 치안이 부재하는 상황에서 사실상 국가권력의 대행자 역할을 하며 이데올로기와 사적 증오에 압도된 채 민간인 학살이라는 만행을 일으키는 데 치중했다. 그러므로 민간인들이 정말 인민군에게 부역했는지 그 "진실 따위는 필요 없었"으며 그저 "죽어야 하는" 혹은 죽여야 하는 이유만이 필요했던 것인지도 모르겠다. "학살 배후인 국가"는 침묵하는 와중에 시간이 흘러 세워진 "강화전쟁박물관은 전쟁 유물을 자랑처럼 열거하기에 바"쁠 뿐, 학살의 피해자를 애도하거나 사건의 진실을 밝히는 일은 외면하고 있음을 시인은 "강화의 노을에" 새겨진 "피비린내"를 맡으며 기록하고 있다.

이처럼 옥효정 시인은 민간인 학살이라는 역사적 사건을 기록하고 고발하는 일을 주저하지 않는다. 이는 "장롱에 숨겨 놓은 사진 속 얼굴"(「살구나무가 붉게 물든 밤」)을 드러내 우리 앞에 현시함으로써 이데올로기의 갈등과 그로 인한 시대의 억압, 국가 폭력의 양태를 증거한다. 그리하여 우리는 잊혀지고 소외된 존재의 목소리를 듣고 기억되지 않는 역사의 이면을 사유하게 된다. 인천상륙작전이라는 역사적 사건 이면에 파괴된 월미도 마을과 살아남은 원주민들의 고통을 직시하는 일, 그로부터 "관광 명소로 변신"한 공간에서 "주검이 깔린 길을 웃으며 걸어 다"니는 (「월미도」) 일의 부조리함을, 그 "불편한 평화"를 걷어내고 "평화의 길잡이를 꿈꾸는 불빛"(「연평도 등대」)의 가능성에 대해 다시 생각해 보도록 이끄는 일이야말로 시인이 수행해야 하는 역할이라고 말하지 않을 수 없다.

> 유리 주전자 속 가부좌한 목련꽃 한 송이
> 섭씨 100도의 물로 관불식을 마쳤다
> 종잇장 같은 육신에 피가 돌고
> 가장 화려했던 그해 봄날이 되살아났다
> 죽어서 산 자와 살아서 죽은 자의 해후
> 만개한 웃음엔 소리가 없다
> 꽃길만 걷자던 우리는
> 서로의 봄을 묻는 대신
> 침묵이 길어질 때마다 찻잔을 들었다
> 말 없는 뿌리가 나무를
> 밀어 올리고 꽃 피우는 일
> 찻잔에 풀어지는 꽃의 생애가 눈부시다
>
> 우리도 잘 우러나는 중
> ―「꽃길만 걷자던 우리는」 전문

그 어떤 부정적 상황을 형상화한다고 해도 옥효정 시인의 시적 발화에 담긴 "제 무게를 견디는 뿌리의 진술은 담백"(「나무의 이력」)하게 다가온다. "목련꽃 한 송이"의 여린 존재를 어루만지듯 상징적 "관불식"을 통해 시인은 과거의 죄악과 현재의 번뇌를 정화하고자 애를 쓴다. "종잇장 같은 육신에 피"를 돌게 하여 "봄날"을 되살리려는 저 행위를 통해 시인은 "죽어서 산 자와 살아서 죽은 자의 해후"를 소망하는 것이다. 이는 상투적 의장으로서의 시적 위안을 거절하고 일상의 고통을 탐색하여 이를 미래의 사건으로 삼아 삶을 지키려는 태도와 맞물린다.

기실 "모든 결핍까지도 사랑이었다고"(「마른장마」) 긍정하는 시인에게 "꽃길만 걷자"는 언술은 지킬 수 없는 약속인지도 모른다. 그러나 시인은 "서로의 봄을 묻는 대신/침묵"에 담긴 휴지(休止)의 순간에 공감하며 '우리'로 연대함으로써 "말 없는 뿌리가 나무를/밀어 올리고 꽃 피우는 일" 그 자체에 골몰한다. 그리하여 "찻잔에 풀어지는 꽃의 생애"의 눈부심과 같이 미래를 향해 열린 체험으로서의 삶의 자세를 우리 앞에 현시한다.

이처럼 화려함은 없더라도 나무를 밀어 올리고 꽃을 피우는 저 뿌리의 가능성으로, 온 생애를 다해 더 나은 세상을 꿈꾸고 그것의 실현 가능성을 포기하지 않으려는 시인의 마음을 『우리는 더 단단해지기로 했다』를 통해 읽을 수 있다. 물론 시인이 형상화한 고통의 실체와 부조리한 현실로 인해 그 너머를 향해 한발 더 내딛는 걸음은 여전히 "밀봉된 부재"(「비 멀미」)로 문턱 앞을 서성일 수밖에 없는 것도 사실이다. 그러나 이를 "모든 날 중의 첫날"(「세상의 모든 말이 사라졌다」)의 가능성으로 전유하고자 하는 옥효정 시인의 시는 더 단단해질 '우리'를 꿈꾸게 한다.

애지시선

- 031 하루만 더 — 고증식 시집
- 032 몸꽃 — 이종암 시집
- 033 허공에 지은 집 — 권정우 시집
- 034 수작 — 김나영 시집
- 035 나는 열 개의 눈동자를 가졌다 — 손병길 시집
- 036 별을 의심하다 — 오인태 시집
- 037 생강 발가락 — 권덕하 시집
- 038 피의 고현학 — 이민호 시집
- 039 사람의 무늬 — 박일만 시집
- 040 기울어짐에 대하여 — 문숙 시집
- 041 노끈 — 이성목 시집
- 042 지독한 초록 — 권자미 시집
- 043 비데의 꿈은 분수다 — 정덕재 시집
- 044 글러브 중독자 — 마경덕 시집
- 045 허공의 깊이 — 한양명 시집
- 046 둥근 진동 — 조성국 시집
- 047 푸른 징조 — 김길녀 시집
- 048 지는 싸움 — 박일환 시집
- 049 아무나 회사원, 그밖에 여러분 — 유현아 시집
- 050 바닷가 부족들 — 김만수 시집
- 051 곡두 — 박승자 시집
- 052 나선형의 저녁 — 정용화 시집
- 053 보이저 씨 — 김현욱 시집
- 054 비탈 — 이경호 시집
- 055 하모니카 부는 오빠 — 문정 시집
- 056 우는 화살 — 고영서 시집
- 057 검은 옥수수밭의 동화 — 송유미 시집
- 058 매운방 — 신준수 시집
- 059 승부사 — 박순호 시집
- 060 동그라미, 기어이 동그랗다 — 이민숙 시집
- 061 아버지의 미술 — 이권 시집
- 062 이름의 풍장 — 김윤환 시집
- 063 국수 삶는 저녁 — 박시우 시집
- 064 미스김 라일락 — 나혜경 시집
- 065 멍게 먹는 법 — 이동순 시집
- 066 우는 시간 — 피재현 시집
- 067 종점식당 — 김명기 시집
- 068 달동네 아코디언 — 이명우 시집
- 069 자작나무 숲에 눈이 내린다 — 변경섭 시집
- 070 눈부신 고독 — 이윤경 시집
- 071 꽃마차는 울며 간다 — 권선희 시집
- 072 섬, 육지의 — 이강산 시집
- 073 다시, 평사리 — 최영욱 시집
- 074 국수를 닮은 이야기 — 박구경 시집
- 075 상록마녀 — 신단항 시집
- 076 총잡이 — 이동호 시집
- 077 어떤 입술 — 라윤영 시집
- 078 나는 당신이 말할 수 없는 것을 말하고 — 함순례 시집
- 079 수혈놀이 — 황희순 시집
- 080 차차차 꽃잎들 — 김말화 시집